CW00505140

LA
NOUVELLE
MESSALINE

TRAGEDIE

en un Acte par PYRON, dit
PREPUCIUS

*Se vend à Chaud-Conin & à Babine, elle
est dit-on de* GRANVAL.

*L'on y a joint le Sérail de Delis & la Des-
cription du Temple de Venus.*

A ANCONE

Chez CLITORIS Libraire rue du Sperme,
vis-à-vis la Fontaine de la femence à la
Verge d'Or.

M. DCC. LXXIII.

ACTEURS.

COUILLANUS Roi de Foutage.

MESSALINE fille de Couillanus.

VITUS Prince & amans de Meffaline.

PINE de Ville Prune

MATRICIUS amant de Meffaline.

NOMBRILIS amant de Meffaline.

CONINE fuivante de Meffaline.

Plufieurs GARDES

La Scene eft à ......

SCENE PREMIERE

Meſſaline , Conine.

Conine

OUi , ce rapport , Madame eſt fidele &
fincere ,

Dans une Iſle prochaine on a vû votre Pere ,
Eloigné de ces lieux depuis près de ſix ans ;
Il revient dans ces murs embraſſer ſes en-
fans ;

Mais que dois-je juger du chagrin où vous
êtes .

Errante en ce Palais & toujours inquiéte ,
Vous ne m écoutez pas ; & vous fermez les
yeux

Craignant de rencontrer la lumiere des cieux ,
Vous avez la douleur peinte ſur le viſage ,
La triſteſſe ſied mal aux filles de notre âge ,
Mais quoi , vous ſoupirez ! quel eſt donc ce
ſujet ?

MESSALINE.

Ah ! ſi je ſuis chagrine il en eſt un ſujet ,
Tu connois bien Vitus , ce héros admirable
Que mon cœur adoroit , ce n'eſt qu'un mi-
ſérable.

CONINE.

Par où vous déplait-il , & quel eſt ce tranſ-
port ?

MESSALINE.

Que ne le vois-je hélas ! dans les bras de la
mort ?

Sans doute il te ſouvient que dès cette jour-
née,   A ij

Qu'il parut à mes yeux , je me crus fortunée,
Il avoit en effet le dos large & quarré ,
Le nez long , je ne l'ai que trop confidéré
Sur un lit de gafon , il me furprit dormante ,
Il leva de fa main ma juppe un peu flotante ,
De fa large culote il arracha fon *Vit* ,
Et pour tout dire enfin Conine , il me le mit.
Quel plaifir ! que de coups ! juftes Dieux ,
   quelle joie !
Pyrrhus , en eut-il plus , lorfqu'il vit brûler
   Troye ?
Sans jamais de mes bras fe vouloir dégager ,
Je le vis & bander , & foutre & décharger.
Et bien donc ce Vitus dont la vigueur extrê-
   me ,
Me foutoit , refoutoit , fans en paroître bléme ,
Aujourd'hui par un fort que je ne comprends
   pas ,
Eft plus mol que ne fut laine de matelas.
Son *Vit* qui paroiffoit ne refpirer que foutre ,
Sur les bords de mon Con ne fçauroit paffer
   outre.
Oui , Conine , voilà quel étoit mon fécret ,
Si je fuis fi chagrine eft-ce donc fans fujet ?
C O N I N E.
Oui, vous avez raifon , Madame , de vous
   plaindre ,
Après un tel affront que pouvez-vous plus
   craindre.
Mais enfin quoiqu'il foit & cruel & fanglant ,
N'allez pas vous abattre & qu'un Con fi char-
   mant
Garde bien de fécher de honte & de trifteffe.
Four avoir de Vitus éprouvé la moleffe.

Ne vaut-il pas mieux pour récompenfer. . . .

MESSALINE.

J'entends, & de ce pas je m'en vais y penfer,

C'eft nourrir trop longtems une douleur ti-
mide

Je veux que déformais le feul foutre me guide

Allons, que des torrens de foutre répandus,

Satisfaffent à remplir tous mes momens per-
dus.

Mais quelqu'un vient ici ? ô Ciel , qui pour-
roit ce être ?

CONINE.

Madame , c'eft Vitus , & je le vois paroitre.

MESSALINE.

Ah ! Conine , dis-lui, qu'en l'état où je fuis ,

Le fuir & le bannir , c eft tout ce que je puis.

SCENE SECONDE.

Vitus , Conine.

Vitus.

On m'abhorre , on me fuit ? ah paillarde
Princeffe ,

Réferviez-vous ce prix à toute ma tendreffe,

Mais dis-moi quel fujet a détourné fes pas ?

CONINE.

Quoi ? vous-méme , Seigneur, ne le fçavez-
vous pas ?

Ne vantez plus ici toute votre tendreffe

Vous qui l'avez pouffé jufques à la moleffe.

VITUS.

Il n'eft pas étonnant , j'en fais ici l'aveu,

Qu'après neuf coups de fuite un *Vit* débande un peu.   A iij

CONINE.

C'eſt là ce qui l'irrite en ſa colere extrême ?
Et peut-être Seigneur peut-être Vitus même,
Etant femme comme elle, après un tel af-
   front ,
D'un plus honteux dépit verroit rougir ſon
   front ,
Mais vangez-vous , Seigneur, & faites choix
   d'un autre
Elle change de *Vit* & mépriſe le vôtre
Changez auſſi de *Con* & mépriſez le ſien.
Puis-je ici ſans rougir . vous préſenter le
   mien ,
Peut-être il s'en faut bien qu'il ait autant de
   charmes
Un guerrier tel que vous veut de plus nobles
   armes
Mais ſongez en voyant, s'il eſt grand ou
   petit ,
Que de changer de *Con* augmente l'appetit.

VITUS.

Je ſuivrois vos conſeils, ſi dans cette avan-
   ture
Vous euſſiez un peu moins écouté la nature,
Sans doute elle vous porte à me parler ainſi ,
J'excuſe vos tranſports . éloignez vous d'ici.
Je pourrois me venger d'un tel excès d'audace
Mais d'un téméraire j'uſurperois la place,
C'eſt aſſez vous punir d'autant que vous vou-
   lez
Que je vous foute & que je ne veux pas , allez.

CONINE *à part*

Quel mépris ! eh ! bien donc je te ferai con-
   noître

Que ton *Vit* me fouteras plus de neuf coups
peut-être.

SCENE TROISIÉME.

Vitus seul.

Amour, c'eſt à préſent que je ſçais ton pou-
voir
Tôt ou tard tu nous trompe & tu le fais bien
voir
Juſqu'ici je n'avois regardé Meſſaline
Que comme une Putain pour amuſer ma Pine
En elle j'apperçois des attraits chaque jour
Et plus je vois ſon con plus je reſſens d'amour.
Conine vient s'offrir & veut remplir ſa place.
Et ce feroit toujours ne foutre qu'une Garce
Mais j'aime Meſſaline , & je vais m'efforcer
En la raſſaſiant de la découroucer

SCENE QUATRIÉME.

Vitus , Gardes.

Gardes.

Meſſaline , Seigneur , dans ſa douleur profonde
Veut que de ce Palais j'écarte tout le monde.
Elle vient   *Vitus*
Il ſuffit , je la laiſſe en ces lieux
Et ne lui montre pas un viſage odieux.

SCENE CINQUIÉME.

Meſſaline , Pine , Matricius Nombrilis.

A iv

MESSALINE.

Venez , fameux héros , & tous trois pre-
nez place.
Je fçais tous vos exploits ,
Mais le choix m'embaraffe
Et je veux que le fort décide feul du *Vit*
Du *Vit* qui vient s'offrir pour entrer dans
mon lit.
Mais , quoi ! que dis je ? hélas quelle eft
mon imprudence ?
Non ne nous en fions qu'à notre expérience
Celui qui de vous trois eft le plus vigoureux
Entrera dans mon lit en me foutant le mieux.
Allons braves Guerriers excitez donc vos pines
Briguez avec honneur le *Con* de Meffaline
Entrez dans la Carriere & montrez tant d'ar-
deur
Qu'il ne foit entre vous ni vaincus ni vain-
queur.
Vous foumettez-vous tous à cette loi com-
mune ?
Répondez le premier Pine de Villeprune.

PINE.

J'obéis, je connois la vertu de mon *Vit* ,
Peut être que des trois il eft le plus petit
Mais qu'importe pourvû que des ruiffeaux
de foutre inondent votre *Con*.

MATRICIUS.

N'avancez pas plus outre
Sçachons qui de nous trois le premier la foutera.

MESSALINE.

Celui qui de vous trois le premier bandera.
Matricius , *Pine* , *Nombrilis enfemble.*

Mais, nous bandons tous trois.

MESSALINE

Ah ! quel heureux préſage !

Je vais donc inventer une autre loi plus ſage,

Tirez, Matricius, quelques poils de mon
Con

MATRICIUS

J'en tiens,

MESSALINE

Et vous Pine,

PINE.

J'en tiens auſſi,

MESSALINE

A vous donc Nombrilis, ne craignez pas
c'eſt bon d'en prendre.

Mon poil renaît ſur l'heure & revient de ſa
cendre.

Comptez-les à préſent, combien Matricius ?

MATRICIUS

Dix-neuf.

MESSALINE.

Et vous Pine.

PINE

J'en ai quatre de plus

MESSALINE.

Eh combien en a pris de ſa dextre velue

Le muet Nombrilis, à la bouche couſue ?

NOMBRILIS

J'en ai tiré dix-ſept, Meſſieurs, ſoyez té-
moins,

Et ſi je ne dis mot, je n'en bande pas moins.

MESSALINE.

Ne perdons pas de tems à des diſcours fri-
voles,

Il faut des actions & non pas des paroles

Nombrilis en ces lieux me foutera le premier
Matricius enfuite , & Pine le dernier.
Allons au Dieu Priape offrir ce facrifice
Suivez moi Nombrilis , venez entrer en lice
Couchons nous fur ce lit , je décharge déjà
Et toi décharge tu ?

NOMBRILIS.

Laiffe faire , va , va ,

MESSALINE.

Mais , quoi ! ton *Vit* débande & le lâche
recule ?
Je te croyois au moins la force d'un Hercule
Retire toi d'ici , laiffe moi pouffe mol
Que le Diable t'emporte , & re caffe le col.
Venez , Matricius , & rempliffez la place ,
Quand je fuis toute en feu d'où vous vient
cette glace
Où eft donc votre *Vit* ?

MATRICIUS.

Madame le voilà

MESSALINE.

Je tombe , jufte ciel , de Charibde en Sylla ,
Vous ne pouvez bander ,
Dieux quel affreux langage
Etois-je réfervée à ce funefte outrage ?

PINE.

Madame , je bandois , & ie ne bande plus.

MESSALINE.

Ah ! c'eft trop en un jour effuyer de refus.
Bande à l'aife , fuyez ôtez-vous de ma vue
Vos *Vits* ne bandant pas quand je fuis toute
nue :
Fuyez , dis je , fuyez , craignez les mouve-
mens

Que poufferoient l'ardeur de mes ruii.
mens.

SCENE SIXIÉME.
MESSALINE feule.

O rage, ô défefpoir, ô Venus ennemie !
Etois je refervée à cette ignominie ?
N'ai-je donc encenfé ton temple & tes autels
Que pour être l'objet du foible des mortels ?
Tu me vois aujourd'hui ratée par quatre in-
fâmes
Et tu n'entreprens pas la vengeance des fem-
mes,
N'eft ce donc pas pour toi le plus cruel affront
Qu'on m'ait enfin réduite à me branler le
Con,
Vange toi, vange moi, faifis toi de la fou-
dre
Et que leurs *Vits* mollets foient tous réduits
en poudre
O terre, entrouvre toi fous leurs pas chan-
celons.
Déeffe des enfers invente des tourmens
Creufe à chaque inftant abîmes fur abîmes
Qu'ils apprennent enfin comme on punit les
crimes
Et renverfant pour eux les ordres du Deftin
Faites qu'après leur mort ils foutent des Pu-
tains
Dans les *cons* vérolés du fond de leurs ma-
trices
Ne lancent fur leurs *Vits* que Poulains chau-
depiffes

Que d'affreux Morpions leurs corps foit tout
    couvert ,
Qu'ils déchargent toujours un foutre jaune
    & verd
Ft qu'un chancre fans ceffe en tourmentant
    leur ame
Leur montre ce que c'eft que rater une femme.

SCENE SEPTIÉME.

MESSALINE un Garde.

Le Garde.

Madame , votre pere , en ce moment arrive
Le peuple pour le voir s'empreffe fur la rive
On n'entend que des cris ; mais il entre en
    ces lieux
Cachez-lui pour un tems le trouble de vos
    yeux.

SCENE HUITIÉME.

Le Roi Meffaliné.

Le Roi.

Ma fille , qu'il m'eft doux après fix ans d'ab-
    fence
De pouvoir en ce jour jouir de ta préfence
de goûter des plaifirs. . . .
MESSALINE.
Arrêtez , Couillanus.
Tous vos empreffemens font pour moi fu-
    perflus
Vous êtes offenfé ; la fortune mutine
N'a pas en votre abfence épargné Meffaline

(13)

Indigne de vous voir & de vous approcher
Je ne dois déſormais ſonger qu'à me cacher.

Le Roi ſeul.

(elle ſort)

Quel eſt l'étrange accueil qu'elle fait à ſon
    pere :
Ce départ ſi ſubit cache quelque myſtere ;
Sçachons-en le ſujet de Conine qui vient
A qui peut s'adreſſer le billet qu'elle tient ?

S C E N E N E U V I É M E.

Le Roi , conine.

conine.

Seigneur c'eſt pour Vitus...

Le Roi.

Pourquoi donc ta maitreſſe
Fuit-elle à mon aſpect ? craint elle ma ten-
    dreſſe ?
Son viſage eſt en feu , ſes yeux ſont en cou-
    roux ,
A quoi s'occupe-t-elle en ces lieux ?

Conine   elle fout.

Le Roi.

Le foutre fait paſſer des momens agréables.
Je ne condamne point ces paſſe-tems aima-
    bles ,
Mais faut il y donner & ſon tems & ſes ſoins ?
Se faiſant des vertus , qu'elle foute un peu
    moins ,
Qu'elle ſe faſſe un nom glorieux dans l'hiſtoire.

C O N I N E

Seigneur , pluſieurs chemins conduiſent à la
    gloire

Mais pour fe faire un nom d'étre victorieux
Le foutre eft fa vertu, c'eft la vertu des
Dieux
Oui les Divinités n'en connoiffent pas d'autres,
C'eft là leur feul plaifir, & c'eft auffi le nôtre
Peut on nous condamner de marcher fur leurs
pas ?
Détrompez-vous, Seigneur foutre eft la feu-
le affaire
Qui puiffe nous conduire au temple de mé-
moire.

LE ROI

Je cede à tes raifons, un difcours fi touchant
Fait que mon *Vit* fe dreffe & je le fens bandant
Je m'en vais de ce pas auprès de ma mai-
treffe.

CONINE.

N'allez pas lui donner des preuves de vieil-
leffe

SCENE DIXIÉME.

conine feule

Daigne, amour, protéger mon amoureux
deffein
Fais que Vitus s'abufe & qu'il me foute enfin
Le voici qui paroit, s'il pouvoit me le mettre.

SCENE ONZIÉME.

Vitus , conine.

conine.

Seigneur , on m'a chargé de vous rendre une
  lettre la voici :

VITUS.

Lifons donc

CONINE

Dieu d'amour fais fi bien
Que de mon artifice il ne foupçonne rien.

VITUS *lu-*

Adorable Vitus, fi ton cœur m'aime encore
Tâche de m'en donner la preuve en ce moment
Je viendrai te rejoindre en cet appartement
Pour te jurer cent fois que mon ame t'adore
Mon pere eft en ces lieux
De crainte qu'il ne vienne ici pour me fur-
  prendre
Fais que tout ferme au mieux
Et qu'on ne puiffe enfin nous voir ni nous
  entendre.

O bonté fans exemple *!* adorable Princeffe
Quoi pour mon *Vit* encore votre *Con* s'in‒
  téreffe ?
Eh ! toi , mon *Vit* & toi ?

CONINE.

Jufte Ciel qu'il eft beau *!*
O *Con* trois fois heureux qui baife ce moi-
  neau.

VITUS.

Pourquoi donc interrompre ainfi la periode ?
Hélas *'* qu'une fuivante eft fouvent incom-
  mode
Eh ! toi , mon *Vit* eh toi , des *Vits* le plus
  heureux
Fais donc en ma faveur un effo·· ·⸳· ..x ,
Et puifqu'on ne l'a vû jama···

Par mes coups redoublés fais du moins qu'é-
puifée
Elle tombe fans force, & me confeffe enfin,
Que j'ai feul le pouvoir de laffer fon Conin;
Va lui dire auffitôt qu'avec impatience
J'attends en ce moment de fon Con la pré-
fence.

SCENE DOUZIÉME.

Vitus feul

Conine te lorgnoit, tu lui fais appetit,
Il eft vrai j'aurois dû la jettant fur le lit...
Qu'importe quand j'aurai bien foutu Meffaline
Je pourrai m'amufer à fa chere Conine;
Pour cela mon honneur feroit-il offenfé ?
Ma gloire eft de bander de foutre c'eft affez
Eh ! combien en eft-il ? non pas un, mais
cinquante
Qui foutent la maîtreffe enfemble la fuivante?
Mais mon bonheur approche : on vient, j'en-
tends du bruit
En fermant les rideaux, précipitant la nuit.
Je doute en ce moment qui vers moi s'ache-
mine
En croirai-je mon cœur ? eft ce vous Meffa-
line ?

SCENE TREIZIÉME.

Vitus , Conine.

Conine.

C'eft moi, mon cher Vitus

Vitus.

(17)

Vitus.

mafquée pourquoi cela ?
Vous tenez quelque chofe & je fens. . . .

CONINE.

Alte-là.

Ce font de grands mouchoirs environ fix ou
trente

Si vous les trapercez vous frufterez mon at-
tente.

Grands Dieux, vous croyez donc ma pine
être affez forte

Pour pouvoir empefer vos mouchoirs de la
forte ?

Détrompez-vous, Madame cherchez en d'autres lieux

Des *Vits* plus abondans & qui vous foutent
mieux.

CONINE.

Faut-il que jufques-là, le traitre me ravale,
Tu ne fçaurois bander perfide, & je t'entends,
Eh ! bien, connois-moi donc regarde s'il eft
tems ;

Vois ce que mon amour m'avoit fait entre-
prendre

Tu demeure furpris ? j'ai voulu te furprendre.
Ta furprife me vange & bientôt à l'inftant
Tu vas fçavoir un fait beaucoup plus impor-
tant.

SCENE QUATORZIÉME.

Vitus , Conine, deux Gardes.

Le premier Garde.

Ah ! Seigneur , écoutez.

B

Le second.

C'eft moi qui veut apprendre

Le premier.

Ecoutez-moi , Seigneur ,

Le second.

Seigneur daignez m'entendre

Le premier

Il ne fçait pas fa langue.

Le second.

Il graffaye en parlant

Le premier.

Je fais bien les recits

Le second

J'ai la voix de le Grand

Vitus.

Oh ! vous m'étourdiffez,

Le second.

C'eft par excès de zele

Vitus.

Je vais par un feul mot finir votre quérelle :
Commencez le recit , & vous , le finiffez.
Nous verrons qui des deux fe fera furpaffés
Faites-nous apporter à chacun une chaife
Pour entendre un recit il faut être à fon aife.

Le premier.

A peine la Princeffe avoit quitté ces lieux
Nous la voyons fortir la fureur dans les yeux
Elle entre avec tranfport dans la fale des
 Gardes,
Et dit au Capitaine en déchirrant fes hardes
Otez-moi ma chemife ; il le fait fur un banc
La Princeffe auffitôt & fe couche & s'étend,
Nous dévorons des yeux fes belles cuiffes &
 blanches

Ses feffes & fa gorge & fes aimables hanches,
Sa motte rebondie , & fon *Con* tout charmant,
Ah ! Seigneur je ne puis en parler qu'en ban-
        dant
Que chacun , nous dit-elle vîte & s'arme &
        s'appréte
De Venus aujourd'hui je celebre la fête
Vous n'aurez aucun mal & j'en donne ma foi
Venez , je le permets , bandez & foutez moi.
Elle dit , & chacun l'admire & la contemple
Et notre Capitaine en nous donnant l'exemple
La fout Seigneur la fout fix coups fans dé-
        coner ,
On nous commande alors de nous débou-
        tonner.
Nous nous déboutonnons , tout felon fa
        charge
Se couche deffus elle & la fout & décharge
Le nombre des fouteurs ne l'intimide pas
Tenant fon Cavalier ferme dedans fes bras ,
Donnant des coups de culs rapprochant cha-
        que feffes
Jamais il ne fe vit de femblable allégreffe
Enfin lorfque chacun fuivant fon appetit ,
Eut foutu refoutu chacun lave fon *Vit*
Mais prodige étonnant , qu'on ofe à peine
        croire
Et qui ne fortira jamais de ma mémoire ,
La Princeffe voulut fe relever du banc :
Elle fait un effort , mais il eft impuiffant ,
Le foutre qui s'etoit répandu fur la planche
S'étoit collé fi fort tant aux rhins qu'à la
        hanche ,
Qu'elle ne pouvoit plus tourner d'aucun côté;

Cependant par nos foins nous l'en avons ôté
Et j'avouerai . Seigneur , que jamais de ma vie
Je ne vis de la forte femme fi agguérie.

Le fecond.

Vous m'avez ordonné de parler le dernier ,
Je rendrai mon difcours auffi net que denier ,
La Princeffe parut de fes exploits charmée
Autant que pouvoit être un Général d'armée
Qui fort victorieux d'un combat incertain ,
Dans fon appartement elle rentre foudain
Et fe fait à l'inftant par fes filles de Chambre
Laver le col le *Con* ainfi que chaque membre
Après avoir enfin fait fon ablution
Elle prit auffitôt fa refolution
Je forme ce dit-elle , une noble entreprife
Faites fortir mon char de deffous la remife
Qu'on y mette à l'inftant mes fix chevaux
    entiers
Je prétens de Motas vifiter les quartiers
Sitôt dit , fitôt fait , elle monte & fe place ,
Elle fe fait mener au chemin de Chalaffe
A fon ordre fon char s'arrête . elle defcend
Nous fommes tous furpris des pleurs qu'elle
    répand
Mais malheur imprévû que produifoient fes
    larmes !
Elle veut s'enfermer . . . . .

Vitus

En quel endroit ?

Le Garde.

aux Carmes

En faifant fes adieux elle nous dit ces mots;
La vertu de mon *Con* fe perd dans le repos
Je remplis un deffein digne de mon courage ,

J'ai tâté jufqu'ici du Marquis & du Page
Du Suiffe, du Soldat, & du grand Amiral
Pour eux enfin mon *Con* s'étoit rendu banal
Il faut faire une fin, je veux tâter du moine
Je laiffe là le foin pour courir à l'avoine
Elle nous quitte & les moines joyeux
Sans doute à ce moment la foutent à qui mieux
Son pere mais en vain dans de rudes allarmes
Tâche de la dégoûter de ce couvent de Car-
mes.
Mais elle lui répond en ouvrant de grands
yeux
Faites-moi donc des *Vits* qui puiffent bander
mieux
Je ne crains point du tout ici d'être ratée
Je les contenterai, je ferai contentée.
Que puis-je fouhaiter ? ma force eft dans
mon *Con*
Et la leur eft toujours dans leurs *Vits* &
Couillons.
Mais quoi ! déjà l'ardeur de foutre les raffem-
ble
Sortez, Seigneur, fortez & laiffez-nous
enfemble
Son Pere l'abandonne & lui dit en couroux
Tu veux y demeurer ! demeure, je m'en
fous.

VITUS.

C'eft bien je ne veux pas davantage en entendre
Je vous offre mon *Vit* fi vous voulez le
prendre
Madame, il eft à vous ;

C O N I N E.
Je ne puis le hair ,
Et lorſque vous parlez, c eſt à moi d'oɔéir.

V I T U S

Oublions Meſſaline , & ſans aller plus outre
que l'on nous laiſſe ici ,

Venez

C O N I N E
Où , Seigneur ,

V I T U S
foutre.

F I N.

LE SERAIL
DE DELYS
ou Parodie d'Alcibiade
COMEDIE

Le Théâtre représente la Sale d'un Bordel dans laquelle Alcibiade est introduit par son Confident.

SCENE PREMIERE.

Alcibiade, Band'a'aise, Godemichi, Palmisse,

Alcibiade entre d'un air étonné.

Que vois-je ! deux lutains ? que Diable puis je faire ?
Où m'avez vous conduit ?

BAND'ALAISE.

Ma foi, c'est votre affaire
Foutez-les toutes deux si vous pouvez, Seigneur,
Tirez vous en du moins avec un peu d'honneur.

SCENE SECONDE.

Alcibiade, Godemichi, Palmisse.

ALCIBIADE.

Il fuit, en quel état cette fuite me laisse ?

B iv

Foutons puisqu'il le faut, je sens que mon *Vit* dresse

Mes Dames, vous voyez que sans trop me flatter

J'apporte dans ces lieux de quoi vous contenter

Ce *Vit* long & quarré peut assez bien vous foutre

Je scai pour votre *Con* qu'il faudroit une poutre

Mais si vous abaissez votre lubricité

Jusqu'à faire un essai de ma témérité

J'irai sans me flatter à dix coups sans reproche

Ce *Vit* vous plaira-t-il ?

G O D E M I C H I.

J'en tiens un dans ma poche

Qui jadis fut le *Vit* d'un amant vigoureux

Qui mourut dans mes bras d'un transport amoureux

Je vais vous le montrer pour flétrir votre gloire,

Eh ! ne vous flattez point de pareille victoire

Il ne faut que le voir, regardez-le . seigneur,

Fut il un plus beau *Vit* en grosseur & en longueur ;

Je l'ai fait embaumer, & je m'en sers encore

Tout impuissant qu'il est mon triste *Con* l'adore

Vous pouvez à Palmisse offrir un *Vit* si court

Elle est novice encore faites lui votre cour

Peut-être que dix coups contenteront la belle

Ce qui n'est rien pour moi, sera assez pour elle.
                                        elle sort.

SCENE TROISIE'ME

Alcibiade, Palmiſſe.

ALCIBIADE.

Quelle gaillarde, avec ſon appetit,
Dix coups ne lui ſont rien & mon *Vit* trop
petit,
Ah ! ſi vous m'en croyez faiſons lui regretter
Un *Vit* dont la groſſeur n'a pû la contenter.

PALMISSE.

Il ne faudroit pas voir celui qu'elle préſente ;
Pour croire que du tien la groſſeur me con-
tente,
Cependant, eſſayons, ſa virile vertu,
Je ſçaurai qu'en penſer quand il m'aura fou-
tu ?

ALCIBIADE.

Ah ! c'eſt où je t'attends, mettons-nous en
poſture .
Car mon *Vit* enragé ne tient plus de meſure,
Qu'il t'entre juſqu'au poil, dût il te ſuffo-
quer,
Ton *Con* eſt aſſez grand pour ne rien extor-
quer
Le ſens tu bien *Palmiſſe*, t'entre t-il juſqu'à
l'ame

PALMISSE.

Acheve Alcibiade, aſſouvis donc ma flamme.

ALCIBIADE.

Ne vous contraignez point, agiſſez ſans façon

Et voyez qu'au deduit je suis joli garçon
Ce n'est point tout encor, en voici bien d'un
  autre,
On ne doit point sortir d'un *Con* comme le
  vôtre
Et je veux vous foutant, mille coups répétés
Vous marquer par mon *Vit* l'excès de vos
  beautés
Déchargez vous, Madame? ah! je ne sçai
  qu'en croire
Son corps sans mouvement me donne la vic-
  toire,
Courage donc mon *Vit*, pousse encore plus
  fort,
Faisons-la revenir par un dernier effort
Er pour la réveiller enfonçons sa matrice
Oui.... mais je pourrois bien gagner la
  Chaudepisse
Que vois-je j'apperçois que mon *Vit* lan-
  guissant
Ne bat plus que d'une aîle & va foutimassant,
Mol. rentré en lui-même & rempant sur la
  motte
Pour plus de sûreté rentré dans ma culotte.

PALMISSE.

Où suis je? & qu'ai je vû! je te fais donc
  horreur?
Quoi! me quitter sitôt, double traitre, ah!
  Seigneur
Sont-ce là les dix coups que l'on me faisoit
  attendre
A peine le plaisir a-t il pû me surprendre
Que vous m'abandonnez à de cruels remords?
Ah! je vais me livrer aux lubriques transports

Trois coups font achevés que vous pliez ba-
gage
Non , je ne puis tenir aux tranfports de ma
rage
Pour affouvir mon *Con* , je demeure au Bordel
Où l on me vangera d'un affront fi cruel.

ALCIBIADE.

Tu peux y retourner *Putain* abominable ,
Je fuirai pour jamais un *Con* fi formidable ,
Le grand befoin de foutre abufant de mon
goût
M'a tellement preffé , que j'ai foutu debout,
J'attends de ma pofture une infaillible goute
Retire toi d'ici , & que l'ate te foute.

FIN.

DESCRIPTION

DU TEMPLE

DE VENUS.

A l'Isle de Cythère, dans un sombre séjour,
Est un Temple charmant qu'on consacre à
   l'amour.
C'est là que maints Fouteurs dans l'ardeur qui
   les presse
Viennent offrir leurs vœux au Dieu de la
   tendresse
L'on y prend des baisers, l'on y prend des
   Tetons
L'on y bourre des Culs & l'on y fout des *Cons*
Mais moi qui suis enfant de la Gendarmerie
Et qui par conséquent aime la fouterie
Un beau jour je voulus visiter ces saints lieux
Pour offrir mon encens au plus charmant des
   Dieux.
Je salue en entrant une Prêtresse humaine,
Puis lui dis en deux mots le sujet qui m'amène
Vous n'en ignorez pas j'ai donné ma parole
Si j'osois y manquer je craindrois la Vérole
C'étoit un beau Salon enrichi de Tableaux
Qui sembloient à mes yeux un objet des plus
   beaux.
Quel spectacle charmant, pour les yeux d'un
   Gendarme,

Un *Con* tout écumant qu'alloit foutre un gros
   Carme
Je ne puis foutenir ma bouillante vigueur
Je fens roidir mes nerfs & mon corps & mon
   cœur ,
Et mon *Vit* en fureur fortant de fon prépuce
S'en va fur mon Nombril maffacrer une puce
Enfans de mon ardeur , defirs impétueux
Ménages ma Culotte & foyez moins fougueux
L'on y voyoit Jupin enculer Ganiméde
Mars qui foutoit Venus d'un *Vit* toujours
   plus roide
Diane qui fuçoit le *Vit* d'Endimion
Junon faute d'Amants qui fe branloit le *Con*
Neptume fur les eaux foutoit une Syrenne.
J'ouvre un grand Cabinet dans l'ardeur qui
   m'entraine
Dans ce lieu j'apperçois jufqu'au Pere
   Gafpard
Qui caroiffoit fa niéce & la foutoit à part.
Ici font des mortels par leur belle pofture
Qui furpaffent les Dieux qui ne font qu'en
   peinture,
Là font des Capucins qui foutent en Levrette
Ici des Cordeliers qui baifent en Brouette
Plus loin l'on apperçoit des Peres Bernardins
Qui fous leurs coups de *Vits* font pâmer les
   Putains.
Mais ce qui me paru la plus grande merveille
Ce fut ceux que je vis qui foutoient en Cor-
   neille
J'ai vû la laide Iris , ce vieux fac à péché
Qui foutoit dans fon *Con* un gros Godemiché
Puis un couple fatal qui l'un fur l'autre couche

La langue dans le *Con* & *Vit* dans la bouche
J'ai vû . . . .
J'ai vû . . . .
Que de fuperbes *Vits* fortant de leurs cu-
lottes
Que de Culs , que de *Cons* , de Tetons &
de Mottes
Moi je me vis réduit par un cruel deftin
A foutre le gros Cul d'un Pere Capucin
Il falloit bien bander pour ce point de folie
Aufli ma vive ardeur fut bientôt ralentie
Je fongeois à partir lorfque dedans un coin
J'apperçus un Tendron fe cacher avec foin
Je cours lui préfenter mon très-humble fer-
vice
Je la foutis en *Con* & feus la Chaudepiffe,

FIN.

MENUET.

Je lui faifais careſſe
Il était las :
Mais il avait l'adreſſe
Comme les Chats ,
De s'enfler & devenir gros
Lorsque ſur ſon dos
Je paſſais le bras :
Augué lonla Bergere , &c.

Imprimé en France
FROC031016061120
25664FR00012B/220

9 782329 492797